애지시선 131

거미줄 별꽃

2025년 10월 31일 초판 1쇄 발행

지은이 이대준
펴낸이 윤영진
기획편집 함순례
홍보 한천규
펴낸곳 도서출판 애지
등록 제 2005-000005호
주소 34570 대전광역시 동구 대전천북로 12
전화 042 637 9942
팩스 042 635 9941
전자우편 ejiweb@daum.net
ⓒ이대준 2025
ISBN 979-11-91719-38-3 03810
* 저자와의 협의에 의해 인지를 생략합니다.
* 이 책 내용의 전부 또는 일부를 재사용하려면 저자와 애지 양측의
  동의를 받아야 합니다.

거미줄 별꽃

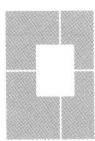

이태준

옥지시선 131

거미줄 별꽃

이대준 시집

시인의 말

낯과 밤을 오가는 작은 집

하루가 빚어낸 사소한 풍경들―
흙내음과 바람,
손때 묻은 농기구와 구절초.
소박한 일상이 길어낸 담담한 이야기들.
밭고랑을 흐르는 바람의 말과
흔들리는 생명들의 일상을,
피부에 스미는 감각을 따라 차곡차곡
모았습니다.

우리가 서 있는 자리,
작은 소리에 귀 기울일 때 비로소
그 소리의 아픔과 무게를 알 수 있듯
이 시집의 소리가
누군가의 쓸쓸한 오후에
작은 온기로 남기를 바라며.

2025년 가을, 삼천동 국다정정에서
이대준

차례

시인의 말 005

제1부 자연을 듣다

순천만 노을 013
물수제비 014
꼬리 016
호박이 담장을 넘어간 이유 018
구름 020
가을 아침 022
마른 나뭇잎 024
낙엽의 기도 026
민들레꽃 한 송이가 027
감꽃 피는 아파트 028
밑알의 꿈 030
섬 소년 032
싸락눈 034
씨톨 035

제2부 시간에 머물다

4월 039
귀뚜라미 040
모기 042
틈 044
밤바다 046
숲처럼 흔들리며 048
거미줄 엮기 050
옥탑방 강 씨 052
산사의 오후 055
함박눈 056
소리는 신호다 058
빗소리 061
탈피 062
싸전다리 064

제3부 상처를 마주하다

서두른 죄 069
저승 감나무 070
게으른 죄 072
하루살이의 변 073
그리마의 꿈 074
삼대 이야기 076
추석 078
치매 080
일기 20200518 081
실업 084
그해 겨울 눈보라 085
북소리 088
노숙 090
낡은 관 092

제4부 일상을 걷다

손금 095
신발 096
첫사랑 098
교실 창가에서 1 100
영화관을 지나다 102
웃음 104
우유부단 106
달콤한 도시 108
가 110
쓰러짐에 대하여 112
우렁이 색시 114
23시의 시내버스 116
창을 닦는 사람들 118

발문 AI 시대와 시 이세재 121

〈일러두기〉

*본문에서)는 '단락 공백 표시'로 한 연이 새로 시작된다는 표시이다.

제1부
자연을 듣다

순천만 노을

마을을 떨쳐 나온 갯벌에
넉넉한 집 한 채 지어놓고서
한낮의 태양을 움키던
아직도 붉게 타는 집게발이
갈대의 정강이를 슬쩍—

뜨겁지, 무지 뜨겁지?
장난을 걸어오는 게에게
간지럽다, 간지러워 죽겠다!
몸을 뒤틀어 흔드는 갈대

언젠가 내 손길이 스치자
얼굴 붉어진 여인
추억처럼
빈 하늘에 물들어 있었다

물수제비

너와 나의 해후은 침묵
바위처럼 무심하여
흐를수록 깊어가는 강물과
그 잠잠함에 대하여
한 줄 시나 떠올리겠노라
홀로 찾은 강 가

어린 염소의 몸짓인 양
탱글탱글 튀는 물방울
강둑에 선 아이가
물수제비를 뜨고 있었다

파문으로 번지던
순한 날들이 있었다 내게도
햇빛과 바람과 팔딱이는
어떤 순간이 있었다
〉

돌멩이 하나 주워든 손이
수면을 노려보았다
강물 깊이 잠겨야 할 시간
그리 멀지 않지만
그래, 날아봐야지 가볍게
통 통 튀어 봐야지

꼬리

밤하늘에 떨어지는 유성을 보면서
날이 밝으면 앞동산에 가리라
별똥별을 찾아 헤매다 이슬에 함빡 젖은
여치 한 마리 손바닥에 올려놓고
쓸어주고 불어주다
포롱포롱 멧새 떼 뒤를 쫓다가
별똥별은 잊고
축 처진 꼬리를 끌고 집에 돌아가
엄마에게 지청구를 듣다 어른이 되었는데
무엇이든 감추는 버릇이 생긴 건
아마 그때부터였을 것이다
신기하게도 원망 들을 일이 사라지고
그런 날이 계속될수록
꼬리가 불편해지기 시작했다 어느 날 나는
큰마음을 먹고 병원에 가
필요 없는 꼬리를 잘라 내 버렸다
꼬리가 없으니 가끔씩 비틀거리거나

넘어지는 일은 있으나 더 이상
감출 것도 부끄러울 것도 없는 오롯이
나만의 두 다리로 설 수 있었다
싫어하거나 좋은 사람을 만나도
감정을 드러내지 않는
온전한 성인이 될 수 있었다

호박이 담장을 넘어간 이유

담장 밑에 호박씨 몇 개를 심었다
잊어버리고 며칠이 지나니
요 녀석들 슬그머니 싹을 내밀었다

기특해서 거름도 주고 물도 좀 주자
하루가 다르게 쑥쑥 자라
담장을 타고 옆집을 기웃거렸다

어느 날 넓은 잎 사이에 숨겨놓은
애호박 몇 개를 따다
내가 먼저 먹고
옆집에도, 앞집에도 나눠주었는데

호박 녀석이 그걸 보고 삐친 걸까
슬금슬금 옆집 담장을 넘더니
닭장 밑에도, 개집 지붕 위에도
작은 호박 세 알을 흘려놓았다

〉
우리 주인이 여기저기 막 퍼주고 사는 걸
나도 다 보았어

옆집 담장 안에 제금 나간 호박들이
둥글둥글, 파랗게
웃고 있었다

구름

아침 창문 밖으로 하늘이 보였다
구름이 햇살을 희롱하며
용龍 한 마리 그려내고 있었다
용이 아니라 뱀 같다 했더니
꼬리만 그려 그렇다 길래
그러려니 하고 점심을 먹었다
하늘은 여전히 맑았고
구름도 여전히 뱀이나 그리고 있었다
왜 아직 그러고 있느냐니
오늘은 때가 아니니
가볍게 뱀 꼬리나 잡고 놀다
가겠노라 하였다
산처럼 머물다 나무 되어 흔들리고
섬처럼 머물다 바다 되어 물결치는
무엇이든 그려내는 네 인생이
부럽다 말하려다 갑자기
눈시울이 뜨겁다

철들고 나서부터 오직 뱀 꼬리
하나만 찍어댄 한평생이 우르르
우르르 천둥을 불러
용울음 소리로 쏟아져 내렸다

가을 아침

계절을 속삭이는 건
언제나 바람
길가 은행잎 노랗게 물들거든
아침마당에 나서볼 일이다

바람에 실려 온 가을이
갈맷빛 여름을 숙성시킨 이야기
밤새 짝이 없는 귀뚜라미
쉰 목소리와
지상에 내려와 마침내
비행을 꿈꾸는 낙엽의 사연
담 밑 채송화 무리의
잔잔한 몸짓까지
한 줄 시로 여물었나니

산수유 알알이 붉어오거든
아침 동산에 올라볼 일이다

갈빛 바람 그윽이
불어올 것이다

마른 나뭇잎

바람 따라 떠돈다
쓸쓸하거나 서글퍼 말라
저도 한때는 아버지였고
어머니였다

꽃이 시들자
그 많던 벌 나비 무리
자취 감추고
그제야 불쑥 돋아나
불쑥 불쑥 솟구쳐 올라
갓 깨어난 새끼 열매를
싸안았던 것이다

얼마쯤 벌레에 먹히고 또
얼마쯤 비바람에 홀렁
흔들린 적 있으나
저리 살진 복숭아 한 알

매달았으니 된 것이다
홀가분한 것이다

낙엽의 기도

무성했던 시절은 갔다
그러나

바람을 따라 정처 없이
떠돌 이유가 없다

어떤 생명도 홀로
뿌리내리는 게 아니다

나는 기도한다

씨알 묻힌 땅 따뜻이
덮을 일 남았노라

민들레꽃 한 송이가

초등학교 시절 어쩌다 얻는 행운을
오늘은 길을 달리다 만났습니다
아스팔트를 뚫고 올라온
노란 민들레꽃 한 송이가
그 시절 공놀이 하던 운동장에서
우연히 발견한 십 원짜리 동전만큼이나
반짝반짝 빛을 내고 있었으니까요
반가운 마음이 벌인 양 나비인 양
요리조리 꽃송이를 들여다보는데
꽃송이에서는 구수한 풀빵 냄새도
독사탕 달달한 향내도 났어요
풀빵 한 입을, 독사탕 반쪽을
나누던 얼굴, 정겨운 얼굴들
실없이 빙긋이는 내 웃음이
함께한 것을 몰랐었는데 한참이나
소식 끊긴 친구들 그대들도
여기 아스팔트길에 핀 민들레처럼
웃고 살겠죠, 아마 그럴 거예요

감꽃 피는 아파트

피아노를 치는 딸아이 가느다란 손가락이
어느 소설 속 윤 초시네 손녀딸마냥 희다며
소파에 앉아 발가락 박을 치는 중년의 여인

감골 고샅에는 갈색 피부 꼬마 가시나
감꽃 같은 동심이 피어있었다
어쩌다가 신작로에 삼륜차만 지나가도
개구리 잡던 대막가지 끝에 신명이 놀아
뿌연 흙먼지 따라 뛰어가는 머시마들
오전반 학교가 파하고 또랑 돌 들춰
고기 잡는 중섭이 웅주 양오 성춘이
검정고무신에는 집게발을 치켜든 알 밴 가재들
부끄러워라 논두렁길 돌아가는 계집아이
감꽃목걸이에서 봄 햇살이 바짝 부러져 나가고
서산마루 노을이 곱게 삭인 태양처럼
홍시 닮은 사람들이 소를 몰고 오던 마을
〉

한바탕 소나기가 붓고 가는 날이면
18층 아파트 유리창에서 감또개를 줍는 가시나
동그란 눈이 낯선 방 안을 들여다본다

밀알의 꿈

떠도는 삶보다야
뿌리 깊은 우리를 보라
얼마나 든든하냐며 이웃들은
바람에 흔들리는 나를
잡아두려 애를 쓰지만

밭이랑 넘나드는
네 발 두 발 동물들을 보면서
구름 닮은 새들을 보면서
마냥 날고 싶었다

어둠 속에서 홀로
침잠하는 발효의 시간 길고
투명한 벽 열리지 않는
숙성의 날들이 흘러갈수록
날고 싶은 열망은
익어만 간다
〉

어느 축제의 날인가 문득
병뚜껑이 열리면 나는
날아오를 것이다 수도승처럼
해탈의 춤사위를 그리며
날아오를 것이다

섬 소년

그림자를 짊어진 게들이
갯지렁이 지나간 길에서
집을 찾는다

갈대는 오늘도 바람에 실어
누구인가 이름을 부르다
목이 쉬었다

울음소리 한 꺼풀
두 꺼풀
겹겹이 두르더니
서쪽 하늘에
붉디붉은 노을이 뜨고

점점이 노을 닮은 이야기
수를 놓던 구름이
하나, 둘, 셋
어느새

검게 물들면

뭍으로 시집간
누이가 쥐어준 조개껍데기
모래밭을 서성이는
소년의 손이
주머니를 뒤적이다

하나, 둘, 셋
희미한 그림자
텅 빈 주머니 속으로
말없이
접어 넣는다

싸락눈

언 땅에 대고
통통 튀는
저것이 무엇인가
비틀고 널브러진
날들에 부딪쳐 온몸이
부서지는 저것들이
다 무엇인가
가슴 깊은 곳에서
찬 소리 싸락싸락
통통 튀는 날
어찌 너처럼
살지 못하는가

씨톨

 아름드리 은행나무 한두 그루가 집집마다 서 있는 산골 마을에 대처 손님 찾아와 한두 가마씩 토실토실 살진 은행 사 갔답니다.

 길수네 마당에도 그 나무 있어 훤칠한 남정네로 서 있다는데, 한 톨 은행 알 열리지 않아 애달픈 길수 아비 길수 어미는 한숨이 한 해 두 해 늘었답니다.

 어느 핸가 대처 손님 또 찾아오고 건너 집 갑녀 아비 붉은 얼굴이 툽툽한 탁주 한 잔 내었다는데, 육자배기 흥을 치던 길수 아비가 건성건성 은행나물 잘랐답니다.

 육자배기 가락 듣고 동네 사람들 흥이야 흥야 톱질 하였다는데 그날 이후 노을 지친 가을이 와도 한 톨 열매 없는 과부 나무들 누런 이파리만 날린답니다.

제2부
시간에 머물다

4월

할머니
유모차를 밀고
골목길을 나선다
동구 밖 고목나무
껍질을 뚫고
뜨는 눈

귀뚜라미

방 안 구석 어디에선가 운다
잠을 청해보지만
저놈의 소리
잠을 이룰 수가 없다

하얀 문틈
벗겨진 페인트자리처럼 납작
엎드려 있다 쥐죽은 듯
휴지를 집어 들고
고양이 먹이 채듯 냉큼
움켜쥐었다

아뿔싸, 다리 하나 부러졌다
운 때라곤 지질히도 없는 녀석
다리가 부러져
장가들긴 다 틀렸다
〉

뒤껼에 던져두고 돌아서는데
쉰 살을 홀로 사는 막내 동생
울음이 따라 와
함께 눕는다

어둠은 귀뚜라미 울음을 삼키고
또 무엇을 삼킬 것인가
아무 일 없었던 어제처럼
여명이 밝는다

모기

종아리가 따끔하다
모기란 놈이 피를 빨고 있다
항상 그랬던 것처럼 탁-
잡아버릴까 하다가
오늘은 나도 곳간 넉넉한 부자다
읽던 책으로 눈을 돌린다
가렵다 내려다보니
실컷 뜯어 퉁퉁 불은 녀석이
날지도 못하고 이리 쿵 저리 쿵
바둥대는 것이 아니냐
나는 모기의 한쪽 날개를 집어
책 위에 올려놓았다 요 녀석
날개를 하나 잘라 놓을까
탁- 저승길로 보내버릴까 하는데
다 큰 아들 녀석이 스쳐 지난다
언젠가 지갑 속에서
감쪽같이 사라져버린 삼만 원

나는 아이들을 불러놓고
앞으로 이런 일이 또 일어난다면
손모가지를 분질러 놓겠노라
격한 으름장을 놓았었다
책상 유리판에 어린 벌건 얼굴과
벌겋게 부은 모기의 배가
풍선처럼 부푼다 터질 것 같다
바보, 적당히 했어야지

틈

시멘트 깨진 틈 사이로
수돗물이 스미는가 싶더니
잡풀들
자랑처럼 자라고 있었다

뽑아 버려야 하는데
풀잎 부드러운 감촉이
손끝에서 가슴팍까지
따라오는 게 아니냐

깨지는 게 두려워
여린 생명 하나
돌아보지 못했던 한평생이
쩍-하고 금 가는 소리

손아귀를 벗어난 풀잎이
잔바람을 불러

파르르 떨고 있었다

밤바다

참 붉다
진종일 하늘을 떠돌던
사내가 지친 여정
한잔 술에 털었나
주막집 문턱을 나서고

기다림인가
그리움인가
여인을 싸고도는
연분홍 설렘 가볍게
일렁이더니

순간이었다
입술과 입술이
맞닿은 것은
핏빛 열정이 자지러지며
생명을 꿈꾸는 것은

〉
진저리 치는 몸짓과
원시의 울림이 밤새
수면등처럼 걸린
반달이 어머, 어머
부풀고 있었다

숲처럼 흔들리며

내 뿌리가 약해
꽃 한번 피우지 못하고
열매 또한 맺지 못하여
작은 바람에 가지가 떨리고
때때로 몸통까지 흔들려
나무가 숲을 이루고 산다는
산을 찾았다

그러나 산도
사람 사는 동네를 닮아
가지들 엉켜 등골이 휘고
뿌리는 맨땅에
맨살로 누워 있었다

큰 나무는 그늘에
한 포기 풀도 허락지 않아
기름진 이파리들이

그윽이 썩어가고 있었다

야속한 마음에
내려온 산을 돌아보는 순간이었다

신기하게도 봉우리에서 골짜기까지
단정한 상고머리 자른 듯,
키 큰 나무도 키 작은 나무도
고만고만 모여 사는 게 아니냐
뿌리가 뿌리를 어르고
가지가 가지를 엮어
그리 사는 거라며

등허리 휘고 뿌리 시려올수록
더 무성한 녹음을 보라
하늘을 손가락질 하면서
흔들리고 있었다

거미줄 엮기

거미줄처럼 엮인 항공로 지도를 떠올리며
그 줄 한 가닥에서
반짝이며 날아가는 비행기를 본다
신호를 기다리던 거미처럼
사람들의 기다림과 만남은
비행기가 흔드는 설렘을 따라
달려갈 것이다

3월의 매화나무 가지에 매달린 꽃처럼
하얀 별들이 무성한 밤하늘도
이 별에서 저 별로
저 별에서 그 별로 다시
그 별에서 이 별로
거미줄을 치고서야 비로소
별빛 하늘다운 하늘이 된다

매화나무가 언 땅을 더듬다

초롱초롱 별꽃으로 태어나듯
별들도 그렇게 어둠을 더듬어
무더기 무더기로 빛나다가
펼친 그물을 지상에 쏟아
도시의 빌딩과 빌딩 사이
포장마차와 포장마차 사이
산골짜기 마을 사이사이까지
낯꽃 환한 등불을 밝힐 때
세상은 별처럼 빛이 난다

때로는 거미가 떠나버린 빈 거미줄
접착력이 사라진 거미줄에서도
아침 이슬이 빛나는 걸 본다
누군가의 눈물일 것인데
멀리서 날아가는 비행기의 설렘처럼 반짝
기다림에 엮여 있으면 슬픔도 별꽃이 된다

옥탑방 강 씨

콜록 콜록거리며 옥상 난간에 기대어
담배를 피우는 강 씨의 얼굴에
붉은 술 냄새가 배어있었다
그의 낡은 외투 사이로 어제처럼
눈발이 빨려들고 있었다

고향이 전라도 무진장 어디라는데
아내도 없고 자식은 더더구나 없어
우리 집 옥탑방에 세 들어 산 지 몇 해
새벽이면 길 건너 희망인력소 찾아
하루 일과를 시작하고 저녁이면
소주 한 병 가슴에 품고
무거운 몸으로 계단을 오른다

오늘 아침도 나는 강 씨가 대문을 열고
나가는 소리를 들었다 언제나처럼
밤새 그가 뱉어낸 가래들

그의 가슴에서 짜낸 노란 고름 덩어리
하루 종일 공사장에서 들이마신
검은 찌꺼기들이 빙판 길 여기저기
엉겨 붙어 있었다

나는 그의 가슴에 다시 채워질
고름 덩어리와 찌꺼기들의 아픔과
찬바람에 손을 싹싹 비비는 텅 빈 시간이
그의 푸석한 얼굴에 스미는 게 아닌가 하고
물뿌리개를 잡아 쓸어버리려다
눈에 힘을 주고 앉아 한참이나
그의 병증을 진단하여 보는 것인데

문득 그 고름덩어리와 찌꺼기들 속에서
작은 싹 하나 솟아
그의 고향마을 입구에 자랑처럼 섰다는
아름드리 느티나무로 자라더니

무수히 늘어진 진초록 이파리 그늘 사이로
그의 아내와 아들과 노부모가
시냇물 소리로 흐르는 게 아닌가

오오 너여, 너는 지금껏
얼마나 많은 오진에 괴로워했더냐

산사의 오후

풍경소리 잠이 들어
발갛게 익어가는
돌담 밑 맨드라미

사흘이나 비가 내려
짝을 찾지 못했다며
무성한 녹음 뚫고
매미 서럽다 우는데

법당 안 부처님은
스님이 간 곳 몰라
석탑에 앉아 조는
하얀 나비 한 마리

함박눈

나풀거린다 나비인 양
순한 몸짓들
세상 하얗게 덮는데

더없이 추운 세상살이
눈마저 펑펑 쏟아진다
나는 옴츠린 어깨에
힘을 더하다
하늘이나 힐끗 째린다

언제쯤 파란 하늘을
볼 수 있을까

어쩔 수 없는 벼들이 있어
매양 낭패를 부른다며
창문을 닫는 손길이
퍽이나 메말라 보인다

〉
대지가 저리 밝은데

소리는 신호다

한숨짓는 듯 하소연하는 듯 몹시 불편한 듯
낑낑대는 영순이의 사연을 나는 안다
개진달래가 온 산에 퍼질러대던 지난해 이맘때도
저년은 저랬었으니까

한낮의 고추밭 풀매기가 힘겨웠던가
일찌감치 잠자리에 든 아내가 비몽인지 사몽인지
중얼거린다
"저년이 또…"
"또 뭐―", 장난기가 많은 내가 말을 받아보지만
아내는 말이 없고 영순이의 낑낑 소리만 높다

아내가 코를 골기 시작했다 나는 표정 없는 얼굴로
역시 표정 없는 아내의 얼굴을 본다
옛날에는 안 그랬는데, 혀를 차는 사이
영순이의 울음이 그치고 마당을 서성이는데
〉

어라, 요놈들 봐라
지난해 영순일 찾았다 정만 흘리고 사라진 저놈
백구 이놈 또 뭔가에 홀린 게지 달밤의 사랑이라—
지난날 죗값에 눌렸는지 깡마른 몸뚱이다
그런데 이놈 비칠대는 걸음으로 다소간의 미안함으로 다시
영순일 찾았을 이놈이 이거 날 노려보는 게 아니냐

가까운 사람이, 절실한 마음이 나를 부를 때
내가 나를 지탱하기 힘들어
아내의 피곤함도 코 고는 소리로 흩어지는 밤이라며
매사를 맹물처럼 흘려버리고 사는 나를
송곳니 드러내어 을러메는 게 아니냐

민망하고 무서운 마음이 냉큼 방에 들어
아내의 등을 토닥거려보는 것인데, 얼씨구 이거
코 고는 소리가 뚝 멈추는 게 아니냐 오호라

며칠 밤을 아파했던 영순이나 아내의 코골이나
간절한 신호다 모두가 절실한 무엇이다

유난히 환한 풀벌레 울음소리 자음과 모음이
길고 긴 사연의 이야기를 엮어가는 밤이다

빗소리

양철지붕에 떨어지는
빗소리를 듣는다
규칙도 질서도 없는 것이
요란하게 쏟아진다
아무렇게나 사는 나를
때리는 것 같아
한참을 따르다 보니
그 소리가 그 소리다
마치 질서가 있는 듯
규칙이나 되는 듯
점점 편안해진다
무엇이든 오래되면
그런가 보다 습관처럼
굳는가 보다
내 나타의 껍질처럼
양철지붕 위에서 순순한
빗소리를 듣는다

탈피

동물원 담장 길을 걷다
웅크리고 앉은 사내에게
만 원짜리 한 장을
건넸다

포차 불빛 속에서
우연히 그를 다시 만났다
그는 술을 마셨고
나는 호기심을 마셨다

그가 고맙쑤, 한마디를
애벌레 허물 벗어 던지듯
버리고 떠나갔는데

이상하게도
우리의 굴레처럼 나를 옥죄던
껍질 갈라지더니

낯선 살빛이 새록새록
차오르지 않던가

싸전다리

전동과 서학동을 잇는
싸전다리의 아침은
안개와 비둘기와 할배들이 몰려와
열어젖혔다, 아직 물살이 쓸지 못한 다리를
다리에 묶어 놓고서
할배들은 청춘보다 새파란
고스톱 판을 벌였다

막 거른 막걸리 인생이야
유행가처럼 흘러가는 것
보도를 걸어가는 젊은 아낙을 힐끔
엿보던 눈초리마저 빛을 잃으면
노을은 긴 상념의 꼬리를 끌어와
노년의 등을 어루만지고

파란 비닐 장막을 두르고
천 원짜리 국수를 말던 김 서방과 그의 아내가
저문 하루 찌꺼기를 씻느라 빈 그릇 달그락거리면

등에 업힌 아이의 눈망울이
별처럼 반짝였는데

싸전에서 인심난다는 말이
문을 닫던 어제처럼
한옥마을 개발에 쫓기다 떠난 것인가
할배들 자리에 새로 입주한 꽃들이
아파트 입주 첫날의
맑은 신나 냄새를 풍기고

비둘기가 시름없이 쪼던
국수 토막 고수레—
훤한 목청 들리지 않아
할배와 허방다리 짚던 안개
낡은 성 적막처럼 깊어
비둘기는 한 끼 식사를 찾아
하—늘 뱅뱅 거린다

제3부
상처를 마주하다

서두른 죄

마늘밭 갈이가 한창인데
개구리 한 마리
다리도 함께 갈렸다
너무 일찍 동면에 들었던가
뜨끔하여 다가서니
다리를 끌면서 도망치는데
아아, 저 다리
찢긴 껍질 사이로 선명한 핏자국
저렇게나 투명한 속살이 있었던가
솜털구름 하늘에 물든 황혼이
속살을 헤집고 잦아들었다
서리 내릴 날 아직도 먼데
왜 그랬을까
서둘러 밭갈이에 나선 나나
겨울잠을 재촉한 너나

저승 감나무

텃밭의 터줏대감 감나무는
애기 감 뚝뚝 떨쳐버리고
그늘이나 길게 늘여
오이며 가지, 애호박 떡잎까지
살려두지 않는다

약이 바짝 오른 아내가
저놈의 감나무 베어버리란다
아내의 말을 잘 듣는 나는
슬금슬금 톱질을 하였다

오이며 가지며 애호박을 볶아
상큼 달콤 입맛을 돌렸는데
어느 날 김장 무를 심다가
잘린 몸통에 싹을 밀어 올리는
감나무를 보았다
〉

먼 원한이 있어 다시 왔능가
죽은 자네 꼬락시 궁금했당가
생각에 골몰하는데
이파리가 불쑥 한마디 한다

이보시게 농군 양반
저승도 이승일랑 한가지라네
저승 갈 땐 노잣돈일랑
단단히 챙겨 가시게

게으른 죄

밭둑의 매화꽃 피었다 지고
복숭아나무가 젖몸살을 앓을 무렵
잡풀이 무성한 밭을 보다가
오늘이나 내일이나 바라만 보다가
관리기 돌려서 밭갈이를 하는데
동면에 빠졌다 깜짝 놀란 두꺼비
동그란 눈이 빤—하니
나를 노려보는데 나는 잘못 없다
이제야 밭 갈은 죄밖에

하루살이의 변

한여름 밤길을 달려
친구에게 다녀온 다음 날 아침
자동차 범퍼에 달라붙은
수많은 주검들을 보면서
바람보다 가벼운 몸들아
자동차의 속도를 어찌
피해가지 않았더냐?

자동차 속도에 비례해서
내 몸은 가볍게 날지
그런데 말야 재수가 없었나 봐
태어나고 보니 하필
깜깜한 밤이잖아
하루를 살아도
빛 속에서 살고 싶었어

단지 그뿐이었어

그리마의 꿈

수직의 벽을 구르는
무수한 발 저 발
멈춰야 한다며
손을 뻗다가 멈칫한다

유연한 걸음걸이
길 없는 길
거칠 것 없이 걷고 싶어
찾아든 여기 고시원

퀴퀴한 냄새와 어둠
무딘 밤을 뒹구는
끈적한 시간들
창밖 태양이 떠올라도
그것은 보이지 않는 빛

파리한 손을 내밀면

무언가 잡힐 것 같은
방문 밖에서 누군가
손 내밀 것 같은 기대는
눈 먼 추억이 되고

스치는 누구 하나 없이
홀렁홀렁 그림자처럼
시멘트 깨진 틈새로
가쁘게 스미는
그리마의 꿈

삼대 이야기

 냉동고 문을 열자 얼음으로 박제된 슬픔이 꾸역꾸역 내 안으로 밀려들었다. 벽에 걸린 아버지의 사진이 희미하게 웃고 있었다. 어린 시절 나는 그 엄한 눈빛에 눌려 싫은 일들을 억지로 해야만 했다. 내 몸이 부풀어 갈수록 아버지와의 거리는 멀어져 갔다.

 내가 결혼을 하고 첫 아이를 안았을 때 살갑게 웃는 아버지의 얼굴은 마치 다른 사람 같아 보였다. 무척 낯설었다. 둘째가 태어나고 웃음이 더 많아진 아버지가 홀연 세상을 등졌을 때에도 내 심장은 돌처럼 굳어 있었다.

 그러는 사이 아이들이 크고 생활의 무게에 주름진 나의 표정도 갑옷 두른 장군마냥 굳어져 갔다. 이제 아이들의 눈빛이 예전의 나처럼 나를 경계하는데, 어느 날 우연히 올려다본 벽에서 −봐라 이놈아, 새끼가 그저 크는 줄 알았더냐.
 〉

슬픔이 목까지 차올라 나는 한참이나 소리 내어 울었다. 손바닥에 담을 수 없는 너무도 뜨거운 눈물 방울방울. 내 아버지에게 배운 건 '눈물 따위야' 그 한마디.

나는 손끝에 힘을 주고, 냉동고 문을 쾅 닫아버렸다.

추석

추석이 다가올 무렵이면 나는
성성한 고무신을 바위에 문질렀다

멀쩡한 신발을 갈아댄다고
길 가던 어르신이 꾸중을 내려도
이마에 땀방울 여물 때까지 기어이
새 신발을 신고 나서는 명절날 아침은
쌀쌀한 바람이 상큼했는데

오늘 아침 새 양복이 부담스럽다
오래도록 곁에 있어 눈 익은 것들이
살가운 것을 보면
내게도 어느새 아버지처럼
다 늦은 가을이 찾아왔는가 보다

문뜩 구멍 난 검정 고무신이
눈앞에 삼삼한 것은

내 얼굴과 내 손바닥과 내 발바닥이
그때 그것처럼 퍽이나 닳아
얇아진 때문일 것이다

치매

앞집 할머니네 마늘이 잎마름병 걸렸네
나는 부리나케 예방약을 사다 뿌렸다
"정신이 오락가락 한다더니 글쎄
살충제 뿌린다며 제초제를 뿌렸다네"
그 옆 밭 아주머니 한 말씀 거들었는데
오늘도 할머니 마늘밭에 또 뭘 뿌리신다
아마도 잎마름병 예방약이려니
그런다고 살아나지 않는다 말하고 싶지만
그리하면 그나마 일손마저 빼앗는 것
이제는 내 얼굴도 알아보지 못한다며
요양원에 모셔놓고 임종조차 못 봬
홀로 가신 어머니, 그 허한 눈길이 밟혀
그저 속으로만 옹알거려 보는 것이다

일기 20200518

1988년
교사가 되어 처음으로 맞이한
5월 18일의 아침은
참으로 부끄러웠다

조회시간에 만난 반 아이들은
하나같이 가슴에
검정 리본을 달고 있었다

어리둥절 궁금하다 묻는
나에게 쏟아진
일백 서른 두 개의 눈총
그 눈총에 나는 열없이
쓰러져야만 했다

오늘 아침
탱탱하게 당겨진 그 눈빛들

나는 다시
울컥 낯을 붉혀야만 했다

아직 어둠이 지워지지 않은 시간
창밖에서 참새들이 지저귄다
저 작은 몸들이
누구보다 먼저 일어나고
누구보다 먼저 하루를 시작한다

인력사무소에서
커피를 마시는 사람들
빗자루를 쥐고서 도로에 나선 사람들
가방을 메고
발걸음을 재촉하는 사람들
참새처럼 어둠을 가른다

아, 새벽은

참새처럼 가벼운 사람들
그들의 날갯짓이
열어젖히는 것이다
저 작은 몸짓이 모여
차갑고 으스스한 어둠의 역사가
밝아오는 것이다

실업

야생을 잃고 공원에 사는 비둘기는
사람들이 던져 준 모이만 먹는다
스스로 먹이를 구하지 못하여
참새처럼 통통 튀지도 못하고
꿩처럼 꿩꿩 소리쳐 울지도 못한다
그런 비둘기에게
눈 한 번 흘기지 못하고
돌 한 번 던지지 못한다 나는
머언 조상 적부터 야생을 잃어
오늘이 늘 도심 속 박제로 남지만
자식 둘 낳고 알콩달콩 예쁘게 사는
비둘기처럼 제 식구 하나
그럴싸하게 건사하지 못하고
공원이나 배회하기 때문이다 하릴없이
벤치에 앉아 꾸벅거리는 나에게
비둘기는 참 답답한 양반이라며
구구구구 목이 메인다

그해 겨울 눈보라

중학교 1학년이 끝나갈 무렵
우리들은 창밖을 보고 있었다
눈은 쉬지 않고 내렸고
체육 선생님은 "내일 용의 검사"
한마디를 던지셨다
모두들 그러려니 하였다

다음 날 점심시간이 끝나고
헐레벌떡 교무실을 다녀온
실장 녀석이 외쳤다
"빤스 바람에 운동장 집합하래!"
"말도 안 돼
이렇게 눈이 오는데…"

설마는 역시로 돌아왔다
얼굴이 붉어진 체육 선생님이
교실 문을 벌컥 열면서 소리쳤다

"팬티만 입고 집합 1분 전"
우리는 허둥지둥
바지를 벗어 던지고
덜덜거리며 운동장에 나섰다

하얀 눈밭 위
닭살 돋은 팔 오들거리는 무릎
줄지어 선 벌거숭이 소년들 사이로
몽둥이를 든 체육 선생님이 갑자기
커다란 웃음을 터트렸다
쌓인 눈이 날렸다

영문을 모르는 우리는
어리둥절 서로를 보았다
달싹달싹 떠는 어깨 위에서
붉어진 귀
허벅지를 감싸 쥔 손

피식 피식 숨죽이던 웃음들이
못 참겠다는 듯 눈보라가 되어
하늘로 솟구쳤다

속옷 바람으로도 살가웠던
그해 겨울 눈보라

북소리

늘 그랬듯 아침이 시작되고
땅이 무거워질수록
굽어가는 등을 치는,
북소리 둥둥 울려 퍼진다
누가 치는지도 모른다
일도 없고 잔치도 아닌데

저 소리를 따라 길을 배웠다
늘 어딘가를 향해 걷는 법
늘 어딘가에 밀려 걷는 법
늘 무엇에 쫓기듯 걷는 법

사랑도, 꿈도
신발 밑창에 눌어붙었다
돌이켜보면 울컥 목이 메지만
그래도 내 발자국 뒤에는
햇살이 머문다

〉
어디선가 울려오는 저 소리
철들면서부터 들려오던 소리
나는 이 소리를 따라
오늘도 길을 걷는다

노숙

순대 국밥집 유리 진열장 속에서
한 접시 순대 모락모락 김이 오른다
길 가던 사내가 솟는 김발을
바라보며 우두커니 서 있다

플라스틱 순대처럼
자신의 내장도 피가 돌지 않아
종일 뛰어도 식어버린 것이
다시 김처럼 솟아난다면
멈춰 서지 않았을 것이다

그러나 그의 소화기는 그렇지 못해서
모래알 떨구는 모래시계처럼
시간을 따라 비워지는 걸
어찌하지 못하여
숙명처럼 멈춰 선 것이다
〉

때만 되면 찾아오는 시장기,
너만 없었더라면
허옇게 헝클어진 그의 머릿결
윤기 자르르 흐를지도 모를 일
바람이 불고 싸락눈 튕기는 날을
어찌하지 못하는 사내가
이런 푸념이나 해보는 것이다

낡은 관

설거지가 한창인데
개숫물이 넘친다
스무 해가 넘었으니
필시 하수관이
막힌 게야

그럼 환갑도 지난 내
혈관은 얼마나
낡았을까

화석처럼 굳어
아집이 된 노폐물 덩어리가
너와 나의 소통은 또
얼마쯤
막고 있을까

제4부
일상을 걷다

손금

무엇을 움켜쥐려다
금이 갔을까

신발

 쇼윈도 환한 불빛 아래서 당신을 처음 만나고 당신이 내 안에 들어왔습니다. 그날 이후 나는 당신의 진한 체취에 길들었습니다. 당신과 나는 산을 들어 올리고 강물을 길어 올리며 먼 길을 함께 하였습니다. 나는 당신의 기척만 듣고도 당신이 어디로 향할지, 그곳에서 또 얼마나 머물지 알 수 있었습니다.

 당신 또한 내 사랑을 주체하지 못하여 내 아픔을 불어 주시고 얼굴엔 어여쁜 화장까지 해 주었습니다. 지난겨울 당신과 내가 찾았던 오동도의 기억은 참으로 특별하였습니다. 활짝 핀 동백을 보면서 소설 동백꽃 속의 점순이와 순박한 그의 남자 친구를 그리다, 그보다 더한 우리들의 사랑에 그만 정신을 잃고 비탈길에서 하나로 굴러 버린 일은 아직도 입가에 조그만 미소로 남았습니다.

 이제 당신은 나를 찾지 않습니다. 나는 늙고 병들어 골방에 누웠습니다. 그러나 내 몸은 여전히 당신의 향기로 가득합니다. 지난겨울 오동도에서 보았던 떨어진 눈 위에서 외려 빛나던 꽃잎들, 그 붉은 사랑이 자꾸만 눈길에 밟혀 이 어둠 넉넉히 견딜 수 있을 것 같습니다.

첫사랑

이 집도 저 집 담장 너머도
환하게 피었다 목련화

지금은 사랑이 피어나는 때

옆집 뜨락에 한 송이 꽃 홀연
이사 오던 날
나는 그냥 가슴이 아려
숨도 크게 쉬지 못하였다

그녀 집 대문 앞에
배불뚝이 비닐봉투 하나
기대어서면
관음증을 앓는 개미 한 마리
봉투 깊숙이 숨어들었다

빛깔도 향기도 알고 싶어라

쓰다 찢긴 일기장엔 혹
옆집 총각 얘기도 있는지 몰라

하루가 하얗게 열흘이
누렇게 져버린 뒤에도
마음속 그림자 여울진 여인

오늘은 어느 집 마른 가지에
순백의 연꽃 피워 올렸나
겨울로 꽁꽁 언
그 뉘 가슴에
연분홍 연정 살라 붙였나

교실 창가에서 1

봄이 오면 해마다
창밖 슬라브집 옥상에
새싹들이 자란다

낡은 스티로폼 상자에
앳된 상추, 가지, 고춧잎들이
파랗게 하늘을 떠받든다

어느 날 아침은
허리가 구부정한 할아버지
조리 들고 물을 뿌리고
어느 날 저녁녘은
머리 허옇게 센 할머니가
이리저리 잎을 살핀다

비료나 농약을 치는 걸
한 번도 본 적이 없는데도

계절이 익어간다 싶으면
손바닥만 한 상추 이파리
오이만 한 고추 열매도
주렁주렁 달린다

땡볕 늘어진 어느 날 오후
열없이 그들을 바라보는 나에게
할아버지가

선생네 아이들도
제 때 제 때 물을 주고
벌레까지 잡아주면
그만이지 암 그만이라며

구부정한 허리를
쭈-욱 펼쳐 보인다

영화관을 지나다

국민학교를 마치고 도시로 간 누나가 있어요
철없던 나는 누나가 없어도 없는 줄 몰랐어요

어느 여름날
느티나무를 움켜쥐고 신이 난 매미를 찾다가
갑자기 누나 생각을 했어요
누나는 느티나무 아래서 친구와 고누놀이 놀던
나에게 곧잘 매미를 잡아주곤 했으니까요

엄마를 졸라 오수에서 영등포까지 늘어진
지네처럼 꾸물꾸물 밤을 걷는 열차를 탔는데
못 보는 사이 처녀가 되어 버린
누나의 몸에선 낯선 도시 냄새가 났어요

야근이 없는 날 누나와 함께 영화를 보았어요
태어나 처음 가보는 영화관이었어요
영화 속에는 낯선 서양 사람들이 바퀴벌레처럼

우글우글 살아가고 있었어요

누나가 살던 아파트 3층 작은 구멍에 던지면
폭탄 터진 듯 저 아래서 텅— 하고
부서진 연탄재 뿌옇게 피어오르듯
흙탕물을 헤쳐 가는 그들의 모습이 참 많이도
닮았다는 생각을 했어요

나중에 알게 된 사실이지만
빠삐용은 그렇게 가슴에 품고 살던 나비처럼
날았다네요 어쩌면 그것은 그가
영화 속 주인공이었기에 그랬을 거예요

오늘도 공장 근처를 서성이는 형들 누나에게도
그의 가슴에 선명한 나비처럼
겨울이 와도 훨훨 나는 꿈이 살아있다면
참 좋겠다는 생각을 했어요

웃음

찬찬히 웃음을
뜯어보면은
싱그런 사랑 하나
숨어 있어야

동그라미 두 개에
눈 코 입 그려서
등뼈를 세우면
우 으가 되어야

우가 ㅅ 바지 입고
으가 ㅁ 치마 입으면
남자 된 웃과
여자 된 음이
슬금시 팔을 뻗어
손을 잡잖아
〉

봐봐 저기 저
손잡고 걸어가는
한 쌍의 사랑

우유부단

로또를 사러 갔다
이건 사기다 말했다가
여기서 그런 말 하는 게 아니란
점잖은 사장님의 말씀에
혼쭐이 나다

로또 같은 건
다시는 사지 않는다 다짐하다가
언제 그랬냐는 듯
로또 방을 찾는 나를
상상하다가
나한테 또 혼나다

쑥부쟁이와 구절초를
구별 못하는 자신에게
절교를 선언한 어떤 시인에게
들국화면 됐지,

무슨 절교씩이나 했던 나

어쩌면
나 같은 사람들 있어
세상이 부단히
굴러가는 것 같기도
하고

달콤한 도시

마트 계산대 앞
투명 봉지에 싸인 초콜릿이
손바닥에 차갑게 닿는다

'행복 70% 세일 중,
사랑은 오늘만 1+1 행사'
포장지마다 반짝이는 글씨가
눈을 스친다

귤껍질처럼 쉽게 벗겨지는 포장,
달콤한 냄새 속에서
문득
적도의 태양을 칼질하는
작은 아이들이 보이다

저보다 큰 칼을 휘두르다
갈라진 손바닥이

카카오 즙에 젖었을 아이들

그 검은 눈물이
입안에서 녹아드는 것을
나는 달착지근 삼킨다

가

선생님은 풍금을 치시고
우리들은 한 명씩 불려나가
풍금 소리에 맞춰 노래를 불렀다
등굣길에서 잡은 산토끼
두 귀를 치켜들고 와
교실에 풀어놓고
신이 났던 산골짜기 아이들
음정 박자 모두가 엉망이었다
순서가 거듭될수록
도시에서 갓 오신 선생님
얼굴이 점점 붉어지고
차례가 다가올수록 손바닥에 땀이 찼지만
나는 숨을 고르고 더 큰 소리로
노래를 불렀다
한두 소절이 끝났을까
돌연 선생님의 목소리가 화산처럼 폭발했다
"가!"

노래를 잘 불러서
가도 좋다, 믿은 나는
슬쩍 입꼬리를 올린 채
자리로 돌아갔다
시간이 흘러 받아 든 통지표
음악 과목 성적 란에는
'가'라는 글자 하나
또렷이 박혀 있었다

쓰러짐에 대하여

속이 찬 것들은 꼿꼿하다
나는 지탱해야 할 것이 너무 많아
꼿꼿하게 서야만 한다

눈을 뜨면 나는
열기를 찾아 나선다
치매가 쓰러뜨린 어머니와
셋이나 되는 아이들을 꼿꼿하게
세워야 하는 이유이다

나에게 몽땅 열기를 줘버린 너는
이제 눕는 연습을 시작하겠지만
나는 곧 일어설 것이다

무엇이든 쓰러진 것들은
비어있기 마련이다
나를 세우고 쓰러진 너처럼

나 또한 누구를 세우기 위하여
쓰러지는 것이다

쓰러지는 노을이면
갯가의 폐선도 그림이 아니던가
그래 지금은, 너는 쓰러지고
나는 일어서야지

우렁이 색시

아버지 장례를 막 치른 친구가
고맙다며 우리를 불렀다

장례에 장마까지 겹쳐
참깨를 거두지 못해
속만 태우다 밭에 갔더니
하얀 비닐 위
참깨 다발들이 노릇노릇
햇볕에 누워 있더란다

누가 그랬는지 몰라
답답해 죽겠다 한다

그때 한 녀석이 말했다
"야, 너 우렁이 색시 숨겨놨냐?"
농담이었지만
참깨, 고소한 향이

허공에 퍼졌다

헤어져 돌아오는 길,
자동차 키를 쥔 내 손가락엔
고소한 참깨 향 대신
도시의 깡마른 바람이 분다

그런 친구가 부러운 나도
언젠가 어느 밭고랑 사이를 거닐다
누군가의 하루를 거두는
우렁이 색시가 되고
싶었다

23시의 시내버스

버스는 달린다

수없는 담금질과 망치질 끝에
제 몸 하나 달리는 법
비로소 배웠던 것이다

슬픔 같은 건 저-만치
어디쯤 방치해 두고
어둠을 향하여 달리는 것이다

입에서 콧구멍에서
검은 연기가 타이어 타는 냄새로
타오르는 것이다

사랑을 위하여
누군가를 위하여
품어 온 단내

〉
김 서린 차창에 잠시
어깨를 맡긴
그대처럼

창을 닦는 사람들

어젯밤
나는 투명 안경을 끼고
18층 아파트 바닥에 납작 엎드려
진공의 틀에 갇혀
허우적거리는 꿈을 꾸었다

오늘 아침 출근길에서
어린 시절 시골집 누렁이처럼
줄에 매달려 허공을
미끄러지는 사내를 보았다

저 사내
외양간 지붕 달을 밤새
새김질 했던가
소주잔에 둥둥 뜬
작업반장의 얼굴을 느긋느긋
씹다가 어둠을 씻었겠다

〉
땡볕 아래 무논을 쟁기질 하는
누렁이처럼
외줄에 끌려 이제는
흙냄새조차 사라진 빌딩을
매끈매끈 가는구나

헛헛한 시간 사이로
커다란 눈망울이 반짝
창 안을 들여다본다
줄도 없는 허공을 끝도 없이
걷는 너는? 순간,

12층 건물 안에서 길을 잃은
사람들 파닥거린다

발문

AI 시대와 시

이세재(시인)

1. 국다정정(菊多情亭)에서

국다정정(菊多情亭).

이대준 시인이 생활하는 농막 이름이다. 교직에서 은퇴 후 전주시 근교의 야산 아래 300여 평 규모의 밭을 일구어 각종 농작물을 가꾸며 생활하고 있는데 그 밭두렁에 온통 구절초를 심어 놓고 스스로 붙인 이름이다.

도시 근교 야산이지만 언덕과 숲에 가려져 있고 커다란 은행나무 등 여러 그루의 고목이 늘어 서 있어 이곳에만 오면 갑자기 세상과 단절된 기분이 드는 신비한 장소이다.

우리는 가끔 이곳에서 만난다. 철 따라 정직하게 자라는 작물들을 바라보며, 그렇지 못한 세상 얘기로 한 나절이 가곤 한다.

그러던 어느 날 AI가 우리의 화제가 되었다. 이제 힘든 농사일도 로봇이 하는 세상이 머지않을 것이라는 이야기를 하다가 인공지능 챗GPT가 있는데 그에게 주제, 소재, 이미지 등 시의 조건을 주면 그에 합당한 작품을 써 낸다는 것이다. 바둑계를 휩쓴 알파고를 알고 있는 우리로서는 무궁무진한 정보를 저장, 활용하는 인공지능의 능력이 어디까지일지 가늠할 수가 없는 게 현실이다. 인문, 과학, 산업, 예술 등 인간의 모든 생활영역이 인공지능에 휘말리는 시대가 다가오는 것 같다. 이미 인공지능 의사 왓슨(Watson)의 출현으로 의학계가 소란스럽듯 인공지능 검사, 판사, 변호사가 출현할 날도 머지않다는 것이다.

이런 시점에서 시에 대한 이론적 정보와 인류가 작성한 모든 구체적 시를 입력한다면 인공지능이 시를 써낼 수 있을 가능성은 충분하다고 본다. 전문적 안목이 아니고서는 인간이 작품인지 기계의 작품인지 분간할 수 없을 만큼 현재 활용되는 챗GPT가 바로 이러한 역할을 하고 있다고 알려져 있다.

얘기가 나온 김에 우리는 챗GPT에게 이대준의 시 한 편을 제시하고 그 시와 내용이 동일한 시를 짓도록 주문했다. 이러한 작업이 인공지능의 시와 이대준의 시를 비교함으로써 인간 이대준의 시를 깊이 있게 이해하는 하나의 방법이 되기를 기대하면서.

A. 순천만 노을   이대준

마을을 떨쳐 나온 갯벌에/넉넉한 집 한 채 지어놓고서/한낮의 태양을 움키던/아직도 붉게 타는 집게발이/갈대의 정강이를 슬쩍-

뜨겁지 무지 뜨겁지?/장난을 걸어오는 게에게/간지럽다 간지러워 죽겠다!/몸을 뒤틀어 흔드는 갈대

언젠가 내 손길이 스치자/얼굴 붉어진 여인/추억처럼/빈 하늘에 물들어 있었다

B. 붉은 물결의 속삭임   챗GPT

갯벌 위로 깔린 늦은 햇살/은빛 바다를 물들이며/부서진 파편처럼 번져간다

갈대 사이를 헤매는 게 한 마리/뜨거운 집게발로/붉음의 농도를 재듯 살금살금 기어가고

손끝에 닿을 듯/흔들리는 갈대 숲 너머/당신의 웃음이 내려앉았다

모래에 새긴 발자국은/언제나 스러지고/바람에 밀려 가 버리지만

추억의 여인을 떠올릴 때마다/갯벌은 다시 붉게 들끓는다/그대의 얼굴이 노을 되어

나는 조용히 속삭인다/"여기, 이 물결 속에/당신이 살아 있노라"

B는 챗GPT에게 이대준의 시 「순천만 노을」과 주제, 소재, 이미지, 어조 등이 같은 시를 지으라고 요구해서 출력된 시이다. 결과를 보니 A와 B의 형식적, 이론적인 차이는 없어 보인다. 제목을 비롯하여 전체적 흐름과 분위기가 매우 흡사하다. 심지어 A의 "뜨겁지 무지 뜨겁지?, 간지럽다 간지러워 죽겠다!"는 대화체를 의식해서 B에서도 "여기, 이 물결 속에/당신이 살아 있노라"라고 하는 발화의 직접 인용까지 빼놓지 않았다.

그러나 B는 시라기보다는 노을 진 갯가 갈대숲의 풍경을 바라보며 추억 속의 여인을 못 잊어 하는 수필 같은 느낌이 든다. 문장을 행과 연으로 나누어 운율을 형성하고 사물이나 상황을 비유적으로 표현했다고 모두 시가 되는 건

아니다. B에서 표현된 내용들은 겉으로 드러난 의미 즉, 노을이 물든 해변의 풍경에서 옛 여인을 떠올리는 관념적인 서정성 그 이상의 어떤 감각이나 이야기가 상상되지 않는다. 각 연의 내용이 유기적으로 연결 되어 특정한 정신적 감흥을 불러일으키기에는 부족함이 있다는 것이다. 주어진 정보들을 기계적으로 짜 맞춘 시라는 느낌에서 벗어나지 못한다.

구태여 시를 이해하는 기본적인 개념을 부연하자면, 단어나 문장의 의미에는 지시적(사전적) 의미와 함축적(상징적) 의미가 있는데 시에 사용된 단어나 문장은 겉으로 표현된 지시적 의미를 넘어서 다양한 해석과 상상을 바탕으로 함축성이 강하다. 시가 산문과 다른 이런 특징을 시의 긴장감이라 말하기도 한다. 이러한 함축성이나 긴장감은 개개인의 축적된 경험과 살아 있는 감성에 따라 각각 다르게 형성되는데 그것이 보편성을 가진 경우 그 시가 주목을 받게 되는 것이다.

기계적으로 합성한 챗GPT의 시에는 이와 같은 함축성과 긴장감이 부족함에 비해 이대준의 「순천만 노을」에는 과연 함축적 이야기가 숨어 있을까.

게의 붉은 손길이 정강이에 손을 대면서 "뜨겁지 무지 뜨겁지?" 라며 장난을 걸 때 간지럽다며 몸을 뒤트는 갈대의 모습은 청순했던 시절 온몸과 마음이 떨리던 사랑의 순간을 떠올릴 만하다. 그때의 손길은 얼마나 뜨거웠던가. 그 손길만 스쳐도 감전된 듯했던 그때 그 육감적인 순간을 상상하며 바라보는 오늘의 붉은 노을은 무엇을 얘기하고 있는가. 추억이 있기에 인생은 아름답다. 더구나 「순천만 노을」의 게는 마을에서 멀리 떨어져 나와 한여름 땡볕에 소외된 존재이며 갈대는 외롭고 쓸쓸함을 상징하는 대표적 사물이다. 소외되고 외로울 때 아름다운 사랑의 추억이 가슴을 적셔주는 그런 이야기를 이 시는 함축하고 있다고 할 것이다. 순천만 갈대밭의 노을을 바라보며 우리의 가슴 속에 숨겨진 수많은 이야기들을 풀어 놓을 수 있는 것이 시이다.

이 외에도 여러 편의 시를 가지고 챗GPT와 대화를 나눠 보았는데 결과는 대동소이 했다. 챗GPT와 대화를 통해 인간의 시는 언어가 갖는 특수한 감각과 감성 그리고 사회문화적인 상징성과 함축성 등으로 흔히 말하는 '행간의 의미'가 폭넓고 다양한 문학이라는 사실을 다시 한 번 확인했을 뿐이다

한가로운 어느 날 이렇게 국다정정에서 인공지능과 대화를 나누고 보니 이대준의 시집이 한결 정겹게 읽혔다.

2. 순수성과 삶의 역사

2차 세계대전 당시 독일군에 끝까지 저항한 이들 가운데 예술인이 가장 많았다고 한다. 여러 이유가 있었겠지만, 이는 예술인들의 순수한 영혼이 그들의 삶을 이끌어 간 원천이었기 때문일 것이다. 인간의 순수성은 서양의 경험론이나 합리론, 그리고 동양의 성선설과 성악설 등 인간 삶에 대한 철학적 성찰에서도 그 중심에 놓여 있었다고 볼 수 있다.

이러한 순수성과 인간 삶의 역사에 대한 시인의 통찰은 일찍이 이육사의 시「광야」에 웅장하고 선명하게 각인되어 있다.

까마득한 날에/하늘이 처음 열리고/어디 닭 우는 소리 들렸으랴

모든 산맥들이/바다를 연모해 휘달릴 때도/차마 이곳을 범하던 못 하였으리라

끊임없는 광음을/부지런한 계절이 피어선 지고/큰 강물이 비로소 길을 열었다

지금 눈 내리고/매화 향기 홀로 아득하니/내 여기 가난한 노래의 씨를 뿌려라

다시 천고 뒤에/백마 타고 오는 초인이 있어/이 광야에서 목 놓아 부르게 하리라

— 이육사 「광야」 전문

이육사의 시 「광야」는 인간의 존재와 삶의 터전인 우주의 본질이 얼마나 순수한가를 상징적으로 말하고 있다. 그러나 시간의 흐름에 따라 '닭 우는 소리'나 '연모'로 상징되는 혼탁한 세력이 이 광야를 더럽히고 때로는 얼어붙게 한다. 지금 나의 현실이 비록 이 암흑기에 처해 있을지라도 반드시 어둠이 가고 새날이 밝는다는 신념으로 '가난한 노래'(순수한 삶)의 씨를 뿌리며 사는 것이 영광의 그날을 맞이하는 초인적 삶임을 천명하고 있다. 이육사의 지사적 삶의 원천이 우주의 원천적 순수성에 대한 신념에 있었다는 것을 이 시로써 알 수 있다. 이육사와 동시대적 아픔에 처했던 유럽의 많은 예술가들의 저항적 삶도 이런 맥락에서 이해가 된다.

이제 이육사의 예언대로 이 땅에 찬란한 빛이 다시 비췄지만 이 시대엔 또 이 시대만의 혼탁한 흐름이 그치지 않고 있다. 고도의 산업사회에서 물질문명에 휩쓸린 현대 사회의 어두운 그늘이 짙어 가고 있다. 시인들은 이 시대의 어둠을 어떻게 극복하고자 할까. 이런 관점에서 이대준의

시를 읽어 보았다.

　초등학교 시절 어쩌다 얻는 행운을/오늘은 길을 달리다 만났습니다/아스팔트를 뚫고 올라온/노란 민들레꽃 한 송이가/그 시절 공놀이 하던 운동장에서/우연히 발견한 십 원짜리 동전만큼이나/반짝반짝 빛을 내고 있었으니까요/반가운 마음이 벌인 양 나비인 양/요리조리 꽃송이를 들여다보는데/꽃송이에서는 구수한 풀빵 냄새도/독사탕 달달한 향내도 났어요/풀빵 한 입을, 독사탕 반쪽을/나누던 얼굴, 정겨운 얼굴들/실없이 빙긋이는 내 웃음이/함께한 것을 몰랐었는데 한참이나/소식 끊긴 친구들 그대들도/여기 아스팔트길에 민들레처럼/웃고 살겠죠, 아마 그럴 거예요
　　　　　　　　　　　　　－「민들레꽃 한 송이가」전문

　피아노를 치는 딸아이 가느다란 손가락이/어느 소설 속 윤 초시네 손녀딸 마냥 희다며/소파에 앉아 발가락 박을 치는 중년의 여인//감골 고샅에는 갈색 피부 꼬마 가시나/감꽃 같은 동심이 피어있었다/어쩌다가 신작로에 삼륜차만 지나가도/개구리 잡던 대막가지 끝에 신명이 놀아/뿌연 흙먼지 뒤를 따라 뛰어가는 머시마들/오전반 학교가 파하고 또랑 돌 들춰/고기 잡는 중섭이 웅주 양오 성춘이/검정

고무신에는 집게발을 치켜든 알 밴 가재들/부끄러워라 논두렁길 돌아가는 계집아이/감꽃목걸이에서 봄 햇살이 반짝 부러져 나가고/서산마루 노을이 곱게 삭인 태양처럼/홍시 닮은 사람들이 소를 몰고 오던 마을//한바탕 소나기가 붓고 가는 날이면/18층 아파트 유리창에서 감또개를 줍는 가시나/동그란 눈이 낯선 방 안을 들여다본다

─「감꽃 피는 아파트」 전문

동심의 순수성은 보편적 인식이다. 위 두 편의 시는 동심의 순수성으로 현대인의 삶을 조명하고 있다. 두 편의 시에 등장하는 어린이들의 모습은 현대를 살아가는 성인들이 아련한 추억을 떠올리곤 '정말 그때는 순수했었지'라며 미소를 띠게 한다.

시「민들레꽃 한 송이가」에서 민들레는 아스팔트를 뚫고 올라온 꽃이다. 아스팔트는 건조하고 삭막한 현대문명을 뜻할 것이다. 그 삭막함을 뚫고 피어난 민들레는 어린 시절 운동장에서 발견한 10원짜리 동전과 그 동전으로 독사탕(돌사탕)과 풀빵을 나눠 먹던 친구들의 순수성을 떠올리는 매개체이다. 민들레꽃에서 피어나는 어린 시절 사탕과 풀빵의 향기는 복합적으로 숨겨져 있던 우리의 순수한 감각을 자극한다. 아스팔트에 깔려 다시는 볼 수 없을 줄

알았던 꽃이 그 아스팔트를 뚫고 피었으니 얼마나 반가운 가. 인간의 순수성은 결코 사멸되지 않고 때가 되면 아스팔트라도 뚫고 기어이 피어나는 민들레꽃 같아서 각박한 현실을 이겨내고 행복하게 웃으며 살아갈 삶의 원천임을 말하고 있다.

시「감꽃 피는 아파트」는 옛날 감꽃 마을에 아파트가 들어 선 격세지감을 느끼게 한다. 그런데 2연에서 구체적으로 묘사된 동심의 세계는 단순히 흘러간 시대의 그리운 추억에 그치는 것이 아니고 오늘날 회복 되어야 할 순수성을 보여주는 것이다. 감골 고샅의 갈색 피부 꼬마 가시나, 개구쟁이 머스마들이 부끄러워 논둑길 돌아가던 감꽃 같은 동심의 계집아이가 있던 자리에 이제는 가늘고 하얀 손가락으로 피아노를 치는 아파트의 소녀가 앉아 있는 모습을 통해 우리의 변해버린 모습을 살펴보게 한다. '가늘고 하얀 손가락'은 어느 소설 속 윤초시네 손녀딸이 암시하는 황순원의 소설「소나기」속의 소녀로 '순수성의 죽음'을 의미하고 있다고 하겠다. 어쩌면 그런 딸아이의 피아노 소리에 발가락 박을 치는 중년의 여인은 옛날 그 감골 고샅의 꼬마 가시나일 것이다. 이처럼 순수한 소녀는 죽고 허상만 남아 있는 현대문명의 풍경을 통해 잊혀가고 변질되는 우리의 근원적 순수성에 대한 비판적 시각이 숨어 있다. 마지막 연의 18층 아파트 유리창에서 방 안을 들여다보는 가시나의 동그란 눈은 변질 되거나 사라져 가는 인간의 순수성을 안타깝게 바라보는 눈초리이다. 그 눈동자는 2연의 짙은 향토적 정서를 잃지 않고 살아가는 모습을 찾고 있을 것이다.

이대준의 시집은 이러한 순수성으로 채색되어 있다. 때로는 동심의 세계로 때로는 현대 물질문명에 소외된 모습으로 때로는 작고 여린 모습으로 나타난다. 그런 모습들을 통해 삶의 아름다움, 사랑, 슬픔, 고통, 연민, 분노 등을 다양하게 보여줌으로써 우리가 세상을 어떻게 다스리며 살아야 할 것인가를 생각하게 한다.

3. 자아성찰과 현실인식

인간의 순수성과 부정적인 시대 환경은 숙명적으로 대립될 수밖에 없다. 순수성은 부정적인 현실과 타협할 수 없기 때문이다. 인류 역사의 수레바퀴는 역설적이게도 이러한 대립을 축으로 굴러오지 않았을까. 그러므로 순수성을 바탕으로 한 시에는 그 시대를 살아가는 자기성찰과 그에 따른 현실인식이 반영될 수밖에 없다.

밤하늘에 떨어지는 유성을 보면서/날이 밝으면 앞동산에 가리라/별똥별을 찾아 헤매다 이슬에 함빡 젖은/여치 한 마리 손바닥에 올려놓고/쓸어주고 불어주다/포롱포롱 멧새 떼 뒤를 쫓다가/별똥별은 잊고/축 처진 꼬리를 끌고 집에 돌아가/엄마에게 지청구를 듣다 어른이 되었는데/무엇이든 감추는 버릇이 생긴 건/아마 그때부터였을 것이다
　　　　　　　　　　　　　　　　　　　－「꼬리」 앞부분

　꼬리별(유성)의 빛나는 꼬리는 곧 소년의 꼬리이고 그것이 소년의 꿈이었다. 소년이 사랑한 여치나 멧새가 의미하는 바가 무엇인지는 이제 구태여 말할 필요가 없을 것이다. 그런데 이러한 소년의 꿈이나 사랑의 대상은 어른들의 세계에서는 비현실적이고 무가치한 것으로 외면당할 수밖에 없다. 자신의 이상이 무가치한 것으로 치부되는 세상에 살면서 그도 어른이 되었고 어른이 된 지금은 또 그의 속내가 무시당할까봐 무엇이든 감추게 되었다는 부정적 자아에 대한 고백이다.

　신기하게도 원망 들을 일이 사라지고/그런 날이 계속될수록/꼬리가 불편해지기 시작했다 어느 날 나는/큰마음을

먹고 병원에 가/필요 없는 꼬리를 잘라 내 버렸다/꼬리가 없으니 가끔씩 비틀거리거나/넘어지는 일은 있으나 더 이상/감출 것도 부끄러울 것도 없는 오롯이/나만의 두 다리로 설 수 있었다/싫어하거나 좋은 사람을 만나도/감정을 드러내지 않는/온전한 성인이 될 수 있었다

―「꼬리」뒷부분

무엇이든 감추는 어른이 되고 나니 세상이 편해졌고 편해진 만큼 꼬리가 불편해서 결국 꼬리를 잘라버리자 세상을 편하게 살아가는 온전한 성인이 되었다는 것인데 여기서 '온전한 성인'은 반어적이고 역설적인 표현이다. 순수한 꿈을 버리고 속세와 타협하며 가식적으로 살아가는 자아에 대한 슬픈 성찰을 통해 오히려 현실을 극복하는 의지를 보이고 있다.

이대준의 시집에는 이러한 자아성찰과 현실인식이 다양한 형태로 표현되어 있다. 침묵으로 가라앉는 현실적 삶의 무거움을 통통 튀어 날아오르는 어린 염소의 몸짓과 물수제비를 뜨는 소녀의 상승적 이미지로 건져 올리면서 "그래, 날아봐야지 가볍게/통 통 튀어 봐야지"라고 삶의 의지를 다지는 「물수제비」, 하늘에 뜬 용모양의 구름을 보다가 뱀 꼬리만 찍어댄 자신의 삶을 되돌아보며 용트림하는 천

등을 꿈꾸는 「구름」, 본디 날고 싶은 꿈을 갖고 있지만 지금은 땅속 어둠에 묻혀 있어야 하는 현실을 인내하며 장차 술로 빚어져서 축제의 날을 밝힐 것이라는 「밀알의 꿈」, 하찮게 생각하는 게으름이나 서두름이 얼마나 큰 참상의 빌미가 될 수 있는가를 암시하는 「게으른 죄」, 「서두른 죄」를 비롯하여 「싸락눈」, 「낡은 관」, 「우유부단」, 「교실 창가에서1」, 「쓰레짐에 대하여」, 「추석」, 「빗소리」, 「삼대 이야기」 등 대부분의 작품들이 순수한 삶을 전제로 현실을 응시하는 시의식이 바탕에 깔려있다. 그리고 순수한 삶을 전제로 한 만큼 그의 시에 드러난 자의식은 전체적으로 긍정적이고 미래지향적임을 읽어낼 수 있다.

이러한 자기성찰과 현실인식은 자연히 소외되고 작고 여린 삶에 시선이 집중될 수밖에 없다. 소외된 삶은 그 원인이 개인적이건 사회적이건 결국은 그가 처해있는 현실 사회에서 자신의 존재 가치가 무시되는 상태이기 때문이다. 인간은 사회적 동물이기에 소외된 삶은 죽음과 같다. 그러므로 자신의 존재 가치와 꿈이 현실 사회 구조에서 왜, 어떻게 무시당하고 있는가를 탐색하면서 자아를 찾는 일은 궁극적으로 죽어가는 삶에 생기를 불어넣는 현실 극복이라 할 것이다.

이대준의 시 「옥탑방 강 씨」에서 옥탑방에 거주하는 강

씨는 일일 노동자로 매일 술에 취해 살며 가래를 뱉어내는, 병들어 쓸모없는 인간으로 인식되고 있었다. 가래는 강씨 삶의 고통을 상징하고 있다. 그 가래를 씻어내다가(아픔을 이해하는 과정) 그 속에서 고통을 견디며 가족을 사랑하는 커다란 나무인 강 씨의 참모습을 깨닫고 소외된 노동자의 삶에 대한 편견을 반성하고 있다.「싸전다리」는 시내를 관통하는 전주천의 커다란 다리로써 과거에 쌀을 거래하던 장터가 있던 곳이다. 3.1운동 당시에는 만세운동의 출발지이기도 했다. 그 다리 아래서 노인들이 소일하는 모습과 현대적 시설이 집중된 주변 풍경을 대비하면서 시대적 환경에서 소외된 계층의 애환과 꿈을 그려내고 있다.「신발」에서는 신발처럼 온갖 고통을 묵묵히 견뎌 온 전통적 한국 여인의 사랑에 빗대어 인내와 희생으로 현실을 이겨나가는 약자들의 아름다운 눈물을 읽을 수 있다.「함박눈」,「노숙」,「영화관을 지나다」,「23시의 시내버스」,「실업」,「창을 닦는 사람들」,「그리마의 꿈」,「소리는 신호다」등 제목만 보아도 내용이 짐작되는 시들과 함께 이대준 시인은 이러 상황에 대해 다음과 같이 말하고 있다.

시멘트 깨진 틈 사이로/수돗물이 스미는가 싶더니/잡풀들/자랑처럼 자라고 있었다//뽑아 버려야 하는데/풀잎

부드러운 감촉이/손끝에서 가슴팍까지/따라오는 게 아니냐//깨지는 게 두려워/여린 생명 하나/돌아보지 못했던 한평생이/쩍-하고 금 가는 소리//손아귀를 벗어난 풀잎이/잔바람을 불러/파르르 떨고 있었다

−「틈」전문

우리 사회에 깨어진 틈이 얼마나 크고 많은가. 그러나 그 틈새에도 흐르는 물처럼 사랑은 스미고 새 생명이 자라난다. "깨지는 게 두려워/그 여린 생명 하나/돌아보지 못했던 한평생이/쩍-하고 금 가는 소리"를 들려주며 새로 탄생한 생명에 대한 애정과, 더 큰 금이 가기 전에 현실의 부조리한 틈을 치유해야 함을 말하고 있는 게 아닐까.

그리하여 우리 사는 세상이 너와 내가 거미줄처럼 촘촘하고 끈끈하게 서로 엮여, 기다림과 만남의 사랑이 실현될 때 모두가 꽃별이 되어 아름답게 빛날 것이라고 다음과 같이 노래한다.

거미줄처럼 엮인 항공로 지도를 떠올리며/그 줄 한 가닥에서/반짝이며 날아가는 비행기를 본다/신호를 기다리던 거미처럼/사람들의 기다림과 만남은/비행기가 흔드는 설렘을 따라/달려갈 것이다

3월의 매화나무 가지에 매달린 꽃처럼/하얀 별들이 무성한 밤하늘도/이 별에서 저 별로/저 별에서 그 별로 다시/그 별에서 이 별로/거미줄을 치고서야 비로소/별빛 하늘다운 하늘이 된다

매화나무가 언 땅을 더듬다/초롱초롱 별꽃으로 태어나듯/별들도 그렇게 어둠을 더듬어/무더기 무더기로 빛나다가/펼친 그물을 지상에 쏟아/도시의 빌딩과 빌딩 사이/포장마차와 포장마차 사이/산골짜기 마을 사이사이까지/낯꽃 환한 등불을 밝힐 때/세상은 별처럼 빛이 난다

때로는 거미가 떠나버린 빈 거미줄/접착력이 사라진 거미줄에서도/아침 이슬이 빛나는 걸 본다/누군가의 눈물일 것인데/멀리서 날아가는 비행기의 설렘처럼 반짝/기다림에 엮여 있으면 슬픔도 별꽃이 된다

―「거미줄 엮기」 전문

4. 백석의 시가 떠오르다

삶의 현실을 다루는 시는 아무래도 그 주제의 성격상 지적인 분위기가 많다. 흔히 삶의 무게와 질곡에 대한 비장한 목소리라든지 칼날 같은 비판정신이라는 표현이 동반

되기도 한다. 그런데 이대준의 시는 분명 삶의 현실을 냉철하게 살피고 있음에도 불구하고 이러한 분위기와는 거리가 있다. 오히려 살갑고 서정적인 이미지, 때로는 웃음을 자아내는 유머와 재치로 시상이 전개된다. 이러한 특성은 우리의 이성과 감성을 융합시켜 시를 더 깊이 있고 현실적으로 느끼게 하고 있다.

이대준 시인의 시어나 시구들에는 토속적 향취가 강하다. 어린 시절의 순수성이 몸에 밴 시인의 체질적 특징으로 보인다. 기성세대가 공감할 만한 특정한 과거의 회상과 상황에 걸맞은 적절한 사투리, 그리고 담화적 구문 구조가 서로 어울려서 정감이 넘치는 분위기를 형성한다. 이런 특징들로 이대준의 시는 남의 이야기도 내 이야기 같고 우스운데도 슬프고 슬프면서도 우스운데 괜히 눈물이 나는, 고향 친구를 만나 소주잔을 기울이며 무릎을 맞대고 나누는 이야기 같다.

그래서인지 이대준의 시를 읽을 때마다 떠오르는 시인이 있다. 바로 시인 백석이다. 일제 강점기를 슬프면서도 고고하게 살았던 백석 시인의 시와 삶을 흠모하는 필자로서는 뭐라 표현하기 어려운 묘한 감흥을 느끼게 되었다. 왜 이대준의 시에서 백석의 향기가 나는지 백석 시를 연구한 고형진 교수의 견해를 참고해 두 시인의 공통점을 정리

해 보면 다음과 같다.

많은 작품들에서 어린 시절의 회상이 모티프가 된다. 토속적 언어와 소재가 많이 쓰인다. 구문 구조가 다양하며 독백체의 서술어에 '~것이다'를 사용함으로써 주관적 정서를 객관화 한다. 짤막한 삽화를 통해 이야기시를 새롭게 쓴다. 다양한 감각적 표현을 구사한다. 구체적인 생활 현장에서 벌어지는 삶의 세목들을 시의 세계 속에 펼쳐나간다. 등으로 요약할 수 있다. 특히 고형진 교수의 다음과 같은 해설은 이대준 시에도 동일하게 적용된다고 본다.

"일인칭 화자의 내면 독백을 특징으로 하는 서정시에선 자아 성찰의 시적 태도가 자주 시도되는데, 백석은 이점에서도 선구적이고 독창적인 경지를 일궈냈다."(고형진,「백석의 시세계와 시사적 의의」에서)

실제로 이대준의 시와 백석의 시를 비교해 보면 여러 측면에서 두 시인의 향기가 비슷함을 느낄 수 있다. 예컨대 이대준의 시「영화관을 지나다」와 백석 시를 비교해 보면, 가족에 대한 회상적 정서, 유년 시절의 시선과 감각, 사소한 사물의 상징성, 도시와 시골의 대비 등을 통하여 그리움, 아쉬움, 연민, 시대정신과 같은 복합적인 의식이 융합되어 있다. 백석 시인의 시를 평할 때 흔히 과거에 대한 단순한 회상에 머물지 않고 상징과 감정의 밀도를 지녔으며 향토색 짙은 작은 이야기 속에 큰 정서와 사회적 의미를 담고 있다고 말한다. 이런 점에 비춰 보면 이대준 시인은 현대적 감각으로 백석의 시 세계를 계승한 시인 중 하나라고 볼 수 있다.

이대준 시를 읽으며 백석 시가 떠오르는 건, 백석과 이대준과 우리 사이에 정서적 공감의 끈이 이어져 있기 때문일 것이다. 그런데 앞으로 전개될 AI 시대에도 이런 공감의 시 세계는 변함이 없을지 문득 궁금해졌다. 전통적으로 우리는 산과 들, 하늘과 땅이라는 자연환경을 바탕으로 오감이 형성되었다고 볼 수 있고, 그렇기 때문에 향토적 정서나 공감각과 같은 개념을 공유해 왔다. 그런데 생활환경이 자연보다는 기계문명에 싸여 있고, 삶의 학습이 인공지능을 통해 이루어지는 시대에도 과연 인간의 정서가 지금과 동일할지에 대해서는 의문이 생긴다. 산과 들에서 뛰놀던 우리 세대와 가상의 세계에서 게임을 하며 자라난 세대의 감각과 정서가 같을 수는 없을 것이다. 정서를 공유하지 않고서는 시에 대한 이해와 감상이 어려워질 수밖에 없는 것이기에 AI 시대의 시는 변화가 있을 수밖에 없다고 본다.

앞으로 우리 후손들은 AI를 통해 시를 배우고 읽고 쓸 가능성이 높다. 과연 그들은 문화적 토양이 현격히 다른 오늘날 우리의 시를 얼마나 잘 이해할 수 있을까. 그때가 되면 오늘날 우리의 시는 역사 속에 묻히고 새로운 시의 모습이 탄생할지도 모르겠다.(사실, 최근 신세대의 시는 이미 기존의 시와는 여러 면에서 상당히 다른 모습이라는 평가가 있다.) 물론 이런 염려는 기우에 불과할 수도 있다. 그때의 AI는 오늘날 우리의 시를 그들의 정서에 맞게 해석하여 설명할 테니까. 이런 망상을 해보다가 이대준 시집을 덮는다.

예 지 시 선

031 하늘만 머니 고독 시집
032 묘품 이사원 시집
033 하생에 지은 집 고원정 시집
034 우치 김남영 시집
035 나는 몇 개의 돈황자를 가졌다 소향철 시집
036 병들 이사하다 고인호 시집
037 생강 남가가다 강리현 시집
038 파이 고양동 미요의 시집
039 사림이 무지 박대탄 시집
040 기동아신에 대하여 동속 시집
041 고독 이남속 시집
042 지난인 흑매 관자리 시집
043 비바이 모든 곳수들 강내처 시집
044 플레 봇바지 이마라 시집
045 사랑의 길이 공덕열 시집
046 동급 이 김동 조공국 시집
047 허름 장소 김진미 시집
048 가는 세월 박사형 시집
049 아차나 혁사형, 그래서 아서로 행살이 시집
050 바람기 바릿들 강대수 시집
051 구름 발후자 시집
052 나신렁이 지식 관용속 시집
053 먹자기 세 김명옥 시집
054 비틀 이성호 시집
055 함나가가 부는 호뻐 분명 시집
056 야영 호수 고명사 시집
057 같은 눈수글댄이 운동 웅승미 시집
058 배엿림 같곤수 시집
059 가수시 박후곤 시집
060 동그리미, 가이이 운그럼니다 이라숙 시집
061 아바디의 미돌 이런 시집
062 이들의 종장 김완덜 시집
063 굿구 멀지 지곡 다치수 시집
064 미쇼이 최원털 나생감 시집
065 영안매 부 말 이동곤 시집
066 망의 국각 사자명 시집
067 중장사한 김말기 시집
068 동딴에 어고디다 이수용 시집
069 차지나우 흔에 이 대미다 김덕영 시집
070 북꾸 고진 이동징 시집
071 봇바자는 봇에 진다 광사형 시집
072 길, 속지인 근이사 시집
073 다시, 정다리 결영옥 시집
074 가나를 남을 이아기 나산궁 시집
075 싱숙머시 김랑탄 시집
076 동진이 이훈호 시집
077 어런 울동 김동정 시집
078 나는 당지이 날을 수 있는 것 같고 고관속 시집
079 봉하동이 수 양택동 시집
080 자자사 폴꾸늘 김뚬홍 시집